The Language of Love

Twelve Bilingual Plays Teaching Virtues, for Children to Perform

Frank Scott
and
Nisa Montie

Balboa Press books may be ordered through booksellers or by contacting:

Balboa Press
A Division of Hay House
1663 Liberty Drive
Bloomington, IN 47403
www.balboapress.com
1 (877) 407-4847

ISBN: 978-1-5043-9809-1 (sc)
ISBN: 978-1-5043-9810-7 (e)

Library of Congress Control Number: 2018902059

Print information available on the last page.

Balboa Press rev. date: 03/01/2018

Contents

Dear Teachers, Parents, and Young People,

These mini-plays are designed to be used in a fun, interactive way. The characters may be acted out live, or, the black and white figures following each English and Spanish lesson [lección] may be cut-out and colored, and attached to construction paper and mounted on craft sticks to produce puppet plays.

Use your imagination, change names of characters to fit the people acting them out, and even write your own plays illustrating moral and ethical qualities that are good for us humans to practice.

Enjoy the process as you—and we—all make our ways closer to God's Dream of Perfection for each of us.

Much love,

Frank Scott and Nisa Montie

Queridos Profesores, Padres, y Jóvenes,

Estas pequeñas obras de teatro han sido diseñadas para disfrutarlas de manera interactiva. A los personajes se les pueden dar vida, o, a los caracteres de blanco y negro al final de cada lección en inglés y español pueden ser copiados y pintados, y después montados en un papel grueso engrampados a un pequeño palito para así poder agarrarlos mejor con la mano como una marioneta.

Usen la imaginación, cambien los nombres de los caracteres de manera que refleja mejor a las actuaciones, y escriban obras de teatro que ayudan a demostrar el valor de las virtudes en la vida diaria.

Disfruten el proceso juntos y logremos así acercarnos al Plan de Dios para cada uno de nosotros.

Con mucho cariño,

Frank Scott and Nisa Montie

Lesson 1: Tolerance

The Language of Love

Princess: Princess Parrot

Tommy: Tommy Turtle

Princess: Hi, everyone. My name is Princess Parrot.

Tommy: And my name is Tommy Turtle. We are here today to speak to you about tolerance, and accepting everyone, no matter what the color of his or her shell.

Princess: Or feathers!

Tommy and I are best friends—even though we are very different from each other.

Tommy: I am a green and brown turtle.

Princess: I am a yellow, green, and red bird.

Tommy: I was born in the United States, so my first language is English.

Princess: I was born in Peru, so my first language is Spanish (Castellano). I like to fly in the air and speak loudly!

Tommy: I prefer to walk slowly on the ground, swim in the water, or hide in my shell.

When Princess and I first met at the School for Little Animals, we stayed away from each other. I played with my turtle friends…

Princess: …while I played with my parrot buddies. I thought my friends might tease me if I hung out with someone who seemed to be so different from me. Then I thought,

"Maybe, being a turtle, Tommy could teach me something new about the world, or even about me, from a near-to-the-ground perspective."

Tommy: I thought,

"Maybe, being a bird, Princess could teach me something new about me, or the world, from an up-in-the-air perspective."

Princess and Tommy: So, we became friends!!

Tommy: Now we know that looks or habits, being rich or poor, or speaking different languages does not really matter.

Princess: What's important is that we are all creatures of One Creator. We are on this planet not only to get along with each other…

Tommy: But also, more importantly, to share with each other the Love and Trust that God gives each of us.

Princess and Tommy: We are here to speak the Language of Love from our hearts…

Tommy: In every thought and feeling…

Princess: And through every action.

Lección 1: Tolerancia

La lengua del Amor…

Princesa: Princesa Lora

Tommy: Tommy Tortuga

Princesa: Como están. Me llamo, Princesa Lora.

Tommy: Mi nombre es Tommy Tortuga. Hoy estamos reunidos para hablar sobre la tolerancia, y aceptar y reconocer a todos, no importa cuál es el color de la piel, o del cascaron.

Princesa: ¡O sus plumas!

Tommy y yo somos muy buen amigos—a pesar de ser muy diferentes.

Tommy: Yo soy una tortuga verde y marrón.

Princesa: Y yo soy un pájaro de colores amarillo, verde, y rojo.

Tommy: Yo nací en los Estados Unidos de América del Norte, mi lengua madre es el inglés.

Princesa: Yo nací en el Perú, en América del Sur, mi lengua madre es el español. Me gusta volar por el aire y hablar muy alto.

Tommy: Yo prefiero caminar lentamente sobre la tierra, nadar en el agua, o esconderme en mi caparazón.

Cuando Princesa y yo nos vimos por primera vez en la Escuela para Animales Pequeños, nos mantuvimos alejados. Yo jugaba con mis amigos y amigas tortugas…

Princesa: …mientras que yo jugaba con mis amigas loras y amigos loros. Yo creía que mis amigos y amigas iban a bromear si comenzaba a juntarme con alguien tan diferente. Pero después pensé,

"Quizás, siendo una tortuga, Tommy me puede enseñar algo nuevo de su mundo, o quizás algo sobre mí, desde otro punto de vista—de abajo hacia arriba."

Tommy: Yo pensé,

"Quizás, ella, siendo un pájaro, Princesa me podría enseñar algo nuevo sobre mí, o sobre el mundo, desde un alto punto de vista."

Princesa and Tommy: ¡Así, nos hicimos amigos!

Tommy: Ahora entendemos que las apariencias o hábitos, siendo rico o pobre, o hablar una lengua diferente no tiene importancia.

Princesa: Lo importante es que todos hemos sido creados por el mismo Creador. Estamos en este planeta no solamente para llevarnos bien los unos con los otros…

Tommy: Pero también, es más importante, el compartir los unos con los otros el Amor y la confianza que Dios nos ha dado a cada uno.

Princesa y Tommy: Estamos aquí para hablar la Lengua del Amor que nace de nuestros corazones…

Tommy: En cada pensamiento y sentimiento…

Princesa: y con cada acto.

Lesson 2: *Kindness*

A Yummy Lunch

Happy the Bluebird: Happy

Bright Wings the Cardinal: Bright Wings

Happy: [yawns] Oh, wow. I wish I had gone to sleep earlier last night. I feel <u>so</u> tired. [Ring, ring]. Someone's ringing my front nest-bell. [flutters to edge of nest and looks at Bright Wings on tree branch.] Hi, Bright Wings! What a nice surprise!

Bright Wings: Hi, Happy! How are you?

Happy: Actually, I could use a bit more rest. I couldn't sleep well last night as I heard Mr. Owl hooting nearby in the forest.

Bright Wings: I came over because I thought you might like to have lunch together.

Happy: [yawns] I am a bit hungry…

Bright Wings: I know! How about if I fly over to the Goodfellows' organic farm and pick up some millet seed sandwiches for both of us?

Happy: That would be perfect! How kind of you, Bright Wings.

Bright Wings: No problem. Well, see you soon. [flies off]

Happy: [to herself] Now I better clean up the nest, and clear the table so there's somewhere to eat.

Bright Wings: I'm back! Here are three sandwiches—two for me and one for you.

Happy: [laughs] That sounds about right. You *are* a bigger bird, so you require more calories.

Bright Wings: [laughs] Yep. Let's dig in.

Happy: Two cups of water from our nearby spring. Thank you for being so kind and bringing our yummy food.

Bright Wings: [mouth full] It's always more fun to share.

Happy: Yes, it is!

Lección 2: Amabilidad

Un Almuerzo Delicioso

Happy el Pájaro Azul: Happy

Bright Wings el Cardenal: Bright Wings

Happy: [Bostezando] O, guau. Como me hubiera gustado haberme acostado temprano anoche. Me siento tan cansada.

[La campanada suena]. Alguien está tocando la campana del nido.

[Sacudiendo sus plumas se acerca al borde del nido y encuentra a Bright Wings sobre una rama.] ¡Como estas, Bright Wings! ¡Qué bonita sorpresa!

Bright Wings:! Hola, Happy! ¿Como estas?

Happy: En realidad, debería de descansar un poco más. Anoche no pude dormir bien por el ruido en el bosque emitido por el señor Búho.

Bright Wings: Te vine a buscar porque pensé que te gustaría almorzar conmigo.

Happy: [bostezando] tengo un poco de hambre…

Bright Wings: ¡Lo sé! ¿Qué te parece si vuelo a la granja de los Goodfellows y recojo unas cuantas semillas de mijo como sándwiches para los dos?

Happy: ¡Me parece que es una idea muy buena! Eres tan amable, Bright Wings.

Bright Wings: No es ningún problema. Nos veremos muy pronto. [se va volando]

Happy: [hablándose así misma] Voy a limpiar ahora mismo el nido, y preparo la mesa para tener espacio para comer.

Bright Wings: ¡Ya estoy de vuelta! Aquí traigo tres sándwiches —dos para mí y uno para ti.

Happy: [riéndose] Eso es perfecto. Tu eres un pájaro más grande, así que requieres más calorías.

Bright Wings: [riéndose] Si. ¡A comer se ha dicho!

Happy: Con dos vasos de agua de nuestro manantial cercano. Gracias por ser tan amable trayendo esta comida deliciosa.

Bright Wings: [con la boca llena] Se disfruta más cuando se comparte.

Happy: ¡Así es!

Lesson 3: Courtesy

It's How You Play the Game

Professor Paulette Pelican: Paulette

Sammy Eagle: Sammy

Sammy: [The eagle swoops down onto a branch above the pelican, who is sitting on a boulder next to the ocean.] Hey, Paulette. Want to play a game of twig-toss?

Paulette: Sammy! Haven't seen you in a month of Sundays! I don't mind taking a break from fishing. Who wants to start?

Sammy: [picking up a clam shell from the beach]. How about if I toss the shell? You call *open-side* or *closed-side*.

Paulette: Great idea! I call open-side.

Sammy: Here we go…. [tosses shell with beak]. And the winner is…. Open-side! You go first, Paulette.

Paulette: Ok. Here's a stick. [Paulette awkwardly tosses it into the air. Both birds fly after it. Sammy catches it.]

Sammy: I got it!

Paulette: Yup. You won. I am not the kind of bird that is built for speed, now that I think about it.

Sammy: You are built for endurance, flying above the waves for long periods, looking for fish to dive in and catch. I really appreciate you're playing the game with me. It was still fun, right?

Paulette: Right you are. Your polite manner and speech really made me feel good. That inclusive attitude when playing a game really makes it enjoyable for everybody.

Sammy: You are so right. So, in the spirit of courtesy, let's make the next game we play one that works better for your body-type—like, how big a fish can we fit into our beaks?

Paulette: Ha, ha! [Paulette opens her big beak.] It'll be my turn to speak courteously to you, after the next game.

Lección 3: *Cortesía*

Como se Practica el Juego

Profesora Paulette el Pelicano: Paulette

Sammy el Águila: Sammy

Sammy: [El águila desciende y aterriza en la rama que se encuentra sobre el pelicano, quien se encuentra sentado en una gran roca cerca al océano.] Oye, Paulette. ¿Quieres jugar a tirar conchas y palitos por el aire?

Paulette: ¡Sammy! ¡No te veo desde hace un mes de Domingos! No me molestaría tomar un descanso de la pesca. ¿Quién quiere comenzar?

Sammy: [recogiendo una concha de la playa.] ¿Qué pasa si tiro la concha en el aire? Tu qué crees, cae por el lado abierto o el cerrado.

Paulette: ¡Gran idea! Yo diré que cae por el lado abierto.

Sammy: Aquí vamos…. [tirando por el aire la concha con su pico]. Y el ganador es… ¡El lado abierto! Te toca a ti, Paulette.

Paulette: Ok. Aquí hay un palito. [Paulette lo tira torpemente en el aire. Ambos pájaros vuelan hacia él. Sammy lo agarra.]

Sammy: ¡Lo agarre!

Paulette: Así es. Ganaste. Yo no soy un pájaro diseñado para el vuelo rápido, ahora que lo pienso.

Sammy: Tú fuiste diseñado para la resistencia, volando sobre las olas del mar por un largo rato, buscando pescados y zambulléndote para cogerlo. Verdaderamente aprecio que juegues conmigo. Te divertiste, ¿no?

Paulette: Así es. Tu comportamiento cortes y tu manera de hablar me hicieron sentirme muy bien. Una actitud inclusiva cuando se juega hace que todos disfruten el juego.

Sammy: Tienes toda la razón. Así es que, en el espíritu de cortesía, hagamos el próximo juego uno que se apega más a tu diseño corporal—como, por ejemplo, ¿Quién puede coger el pescado más grande con su pico?

Paulette: ¡Jaja! [Paulette abre su gran pico.] Sera mi turno de hablar y comportarme con mucha cortesía en el siguiente juego.

Lesson 4: Orderliness

Andy Ant: Andy

Bodacious Butterfly: Bo

Andy: I love to keep all my things in order. Hmm hmm. When I get home to my ant hill, I am going to put this piece of cracker right in our ant larder.

Bo: Hi, Andy! Just fluttering by, looking for a flower with nectar for my breakfast.

Andy: Oh, hi Bo. You are looking bright this morning. How is everything?

Bo: Very well, thank you, Andy. Only… well, it's kind of silly, but have you seen my pollen-collection sac?

Andy: Have you lost it?

Bo: Misplaced it, actually. I could use more of your trait of orderliness! I must have set it down in this meadow somewhere….

Andy: Would you like me to help you find it? What color is it?

Bo: That would be so great! It's purple with a yellow heart painted on it.

Andy: Ok. Maybe you left it near those primroses. Yep. Is this it? [He holds up a tiny sac.]

Bo: Yes!

Andy: Next time, why don't you leave it by the same big tree, if you need to set it down?

Bo: Great idea! I'll place it next to Miranda Maple Tree's trunk. Orderliness is the way to go!

Andy: Orderliness makes things easier to find, for sure.

Bo: I'm off to share with my flower friends. Thanks again for helping me, Andy.

Andy: No problem. I'm due back at the ant hill now. Have a wonderful day, Ms. Bo.

Bo: You, too, Andy.

Lesson 4: Orden

Andy la Hormiga: Andy

Bodacious la Mariposa: Bo

Andy: Me encanta mantener mis cosas en orden. Hmmm hmmm. Cuando regrese a mi hormiguero, voy a guardar este pedazo de galleta en nuestra despensa de hormigas.

Bo: ¡Como estas, Andy! Aquí revoloteando, en busca del néctar de una flor para desayunar.

Andy: Hola, como estas Bo. Te ves muy bonita esta mañana. ¿Como te va?

Bo: Muy bien, gracias, Andy. Solamente… que, es algo simple, pero, ¿has visto por casualidad mi saco de polen?

Andy: ¿Se te perdió?

Bo: Fuera de su sitio, en realidad. ¡Me gustaría tener un poco más de tu rasgo de orden! Debo de haberlo dejado en algún sitio del prado…

Andy: ¿Te gustaría que te ayude a buscarlo? ¿De qué color es?

Bo: ¡Eso es magnífico! Es de color morado con un corazón amarillo pintado en el frente.

Andy: Muy bien. Quizás lo dejaste cerca de esas prímulas. Así es. ¿Es este el saco que perdiste? [Levantando un pequeño saco.]

Bo: ¡Si!

Andy: La próxima vez, ¿porque no lo dejas siempre junto al mismo árbol, si necesitas ponerlo en algún sitio?

Bo: ¡Es una idea muy buena! La próxima vez lo dejara junto a la rama de Miranda Arce. ¡El orden es la manera de hacer las tareas!

Andy: El orden nos ayuda a encontrar cualquier cosa con facilidad.

Bo: Me tengo que ir a compartir el polen con mis amigas de las flores. Gracias, de nuevo, por ayudarme.

Andy: No hay ningún problema. I mí también me esperan en el hormiguero. Que tengas un gran día, Señora Bo.

Bo: Tú también, Andy.

Lesson 5: Peace

Sam Moose: Sam

Oliver Oak Tree: Oliver

Sam: [munching] I love to eat grass on a misty, meadow morning, when the sun is just rising. What do you like about the morning, Oliver?

Oliver: [chuckles] I love to absorb the first rays of light through my leaves, and catch drops of dew on my foliage.

Sam: It's so peaceful at dawn. Quiet. The birds are just waking up.

Oliver: Yes, I really enjoy the peace of early morning at the edge of the forest.

Sam: I wonder where that peace comes from? It seems to appear deep in my heart.

Oliver: I feel it deep within me as well. Even my sap feels peaceful.

Sam: Maybe that peace is there all the time. We only notice it when we feel relaxed and peaceful.

Oliver: That makes sense. Maybe Peace is infinite—

Sam: a beautiful gift from our Gracious Creator. [Bird sounds.]

Oliver: The birds agree! They are singing in a new dawn of Peace.

Sam: I'm glad.

Oliver: So am I, my young friend. So am I.

Lección 5: Paz

Sam Alce: Sam

Oliver el Árbol Roble: Oliver

Sam: [mascando] A mí me gusta comer el pasto brumoso del prado de madrugada, cuando el sol comienza a salir. ¿Qué es lo que a ti te gusta de la mañana, Oliver?

Oliver: [se ríe] A mí me gusta absorber los primeros rayos de sol en las hojas, y capturar del follaje las gotas del roció.

Sam: De madrugada todo es tan pacifico. En silencio. Los pájaros comienzan a despertarse.

Oliver: Así es, yo disfruto también de esa paz de madrugada al borde del bosque.

Sam: ¿Yo me pregunto, de donde proviene esa paz? Como que aparece muy dentro de mi corazón.

Oliver: Yo también la siento muy dentro de mí. Hasta la savia siente esa paz.

Sam: Quizás la paz está presente siempre. Nosotros la notamos cuando estamos relajados, en condición pacífica.

Oliver: Eso tiene sentido. Quizás la paz es infinita—

Sam: un regalo muy bello de nuestro Cortez Creador. [Sonidos de pájaros.]

Oliver: ¡Los pájaros están de acuerdo! Cantan una nueva canción de madrugada.

Sam: Me siento muy feliz.

Oliver: Yo también, mi joven amigo. Yo también.

Lesson 6: *Steadfastness*

Carrie Crow: Carrie

Edgar Eagle: Edgar

Carrie: Here is a nice, big twig. I'm going to take it to Pamela Pine Tree's Collection for the Elder Birds' Nest Project.

Edgar: Hey, Carrie. Why are you carrying that stick in your claw and dropping it on the pile?

Carrie: Come and join me, Edgar. The birds in our part of the meadow and forest are collecting twigs, feathers, and other nest-building items to give to the Elder Birds.

Edgar: Ok. Luckily, I'm a swift-flying bird. Here's a twig and.... There it goes on the pile. Now I'm done helping.

Carrie: Hey! Wait a minute, Edgar. That's just one twig. I have been carrying twigs to the pile since the sun came up! To get a project like this done so it helps a lot of birds requires steadfastness.

Edgar: Steadfastness? What does that mean?

Carrie: It means to keep going to get the project done—even if that might seem a bit boring or slow. Although sometimes going eagle-fast is the best method (especially in an emergency), at other times moving at a steady pace is the best choice.

Edgar: I get it! Sometimes it's best to use more time to carry more twigs to make a bigger pile.

Carrie: Without straining, of course.

Edgar: How about if we steadfastly carry twigs over to the twig pile together?

Carrie: Great idea! [A few minutes pass.] This is so much fun—we are carrying twice as many twigs by being a team!

Edgar: We worked together with steadfastness, and now we have a nice, big pile of materials for the Elder Birds to use.

Carrie: Yes, we do. I feel happy about that.

Edgar: Me, too. And the Elder Birds will feel happy, too.

[The two birds "high-five" each other with their wing-tips.]

Lección 6: Constancia

Carrie el Cuervo: Carrie

Edgar el Águila: Edgar

Carrie: Esta es una buena ramita. La voy a llevar a la colección del árbol Pamela Pino para el proyecto de los Pájaros Ancianos.

Edgar: Oye, Carrie. ¿Porque estas llevando esa ramita en tus garras y la dejas caer sobre esa pila de ramas?

Carrie: Ven y acompáñame Edgar. Los pájaros de nuestro prado y bosque están juntando ramitas, plumas y todo lo que sirva para construir nidos y dárselos a los pájaros ancianos.

Edgar: Muy bien. Da la suerte, que soy un pájaro que es capaz de volar muy rápido. Aquí tengo una ramita y… Ahí la pongo en esa pila de ramas. Ahora he terminado de ayudar.

Carrie: ¡Oye! Espera un minuto, Edgar. Esa es solo una ramita. ¡Yo vengo trayendo ramitas para esa pila de ramas desde que el sol nació! Para completar un proyecto come este se requiere la constancia de muchos pájaros.

Edgar: ¿Constancia? ¿Qué es lo que quiere decir?

Carrie: Significa que seguimos hacienda el trabajo hasta que el proyecto es terminado—aun que cuando crees que es un poco aburrido o lento. A veces volar rápido como un águila es el mejor método (especialmente en una emergencia), pero otras veces un estable movimiento es la mejor elección.

Edgar: ¡Te entiendo! Hay veces que se necesita tomar más tiempo para traer más ramitas y construir una gran pila.

Carrie: Por su puesto, y sin cansarte. ¡Trabajando en equipo y llevando el doble de ramitas resulta muy divertido!

Edgar: ¿Qué te parece si decidimos juntos que con constancia vamos a traer más ramitas?

Carrie: ¡Me parece una gran idea! [Unos minutos después.]

Edgar: Trabajamos con constancia y juntos, ahora tenemos una gran pila de materiales para el uso de los pájaros ancianos.

Carrie: Así, es. Estoy muy contento sobre eso.

Edgar: Yo también. Los pájaros ancianos también se sentirán felices.

[Los dos pájaros "saltan y se tocan con la punta de las alas."]

Lesson 7: *Strength of the Creator's Love*

Betty [a five-year-old girl]: Betty

Jay [her brother, age eight]: Jay

Jay: [lifting a hand weight] Oomph!

Betty: Jay! What are you doing?

Jay: I am making myself stronger.

Betty: How come? You seem strong enough to me.

Jay: I feel really bad about our little kitty running away last week. Maybe if I gain more muscles, I'll feel better.

Betty: Jay! What you're looking for is a stronger heart.

Jay: Exactly. That's why I am strengthening my chest muscles.

Betty: How will that strengthen your Spiritual Heart?

Jay: My Spiritual Heart? What's that?

Betty: That's where our Creator sends waves of Love to assist us in being strong, kind, and resilient. With that Love we can do the right thing, because It never goes away.

Jay: Would that Love help me feel better about losing our kitty?

Betty: Of course!

Jay: How do I find that Love?

Betty: Just pray to the Creator—inside your Spiritual Heart—inside you.

Jay: Ok. [pause] Wow! I do feel better!

Betty: Of course. God is All-Knowing and Loves every one of His creatures.

Jay: I get it. The Strength of God's Love is what can overcome all obstacles.

Betty: You are so right.

[Brother and sister hug each other.]

Lección 7: La Fuerza del Amor de Dios

Betty [la niña de cinco años]: Betty

Jay [su hermano de ocho]: Jay

Jay: [levantando una pesa de mano] ¡ahí…!

Betty: ¡Jay! ¿Qué es lo que estás haciendo?

Jay: Estoy hacienda ejercicios para ser más fuerte.

Betty: ¿Por qué? A mí me parece que ya eres lo suficientemente fuerte.

Jay: Me siento triste, desde que nuestro gatito se escapó la semana pasada. Quizás si tuviera más músculos, me sentiré mejor.

Betty: ¡Jay! Lo que debes de desear es tener un fuerte corazón.

Jay: Exactamente. Por eso estoy fortaleciendo mis músculos del pecho.

Betty: ¿Como va eso a fortalecer tu corazón espiritual?

Jay: ¿Mi corazón espiritual? ¿Qué es eso?

Betty: Ese es el lugar donde nuestro Creador manda sus señales de Amor que nos ayuda a ser fuertes, amables, y sin nunca rendirse. Con ese amor se pueden hacer las cosas bien, porque nunca nos deja.

Jay: ¿Me puede ayudar ese Amor a sentirme mejor después de la perdida de nuestra gatita?

Betty: ¡Por supuesto!

Jay: ¿Como se encuentra a ese Amor?

Betty: Simplemente reza al Creador—por dentro de tu corazón espiritual.

Jay: Muy bien. [una pausa] Vaya. ¡Si, me siento mejor!

Betty: Por su puesto. Dios es Sabio y ama a todas sus criaturas.

Jay: Te entiendo. La fuerza del Amor de Dios nos ayuda a superar todo obstáculo.

Betty: Estas muy correcto.

[El hermano y la hermana se abrazan.]

Lesson 8: Compassion

Perky Monkey: Perky

Jim Snail: Jim

Perky: I think I will have a nice picnic by the lake, eating my banana sandwich.

Jim: Doo-de-doo. I wonder if any people came to camp by the lake here and maybe left some crumbs from their sandwiches. I'm feeling kinda' hungry.

Perky: [Munch. Munch. Looks down.] Hey, down there. Is that you, Jim? How are you?

Jim: [Looking up.] Oh, hey, Perky. I'm doing ok. How are you? I didn't notice you up there. Just feeling hungry for some lunch. Can't seem to find any crumbs on the ground.

Perky: [Mumbling with mouth full.] I'm doing well. I'll feel better if you don't feel hungry. Would you like some of my sandwich?

Jim: Yes, please! I'm thankful for your compassion—shown by your sharing your lunch!

Perky: Here you go! [Crumbles some bread from the sandwich so that it falls near Jim.]

Jim: Yep. Now we can enjoy our lunches together!

Perky: It's always more fun to eat with a friend. Practicing compassion really make me feel good inside.

Jim: It makes me feel good in my stomach, too!

Perky: Me, too! [Both laugh.]

Lección 8: Compasión

Perky el Mono: Perky

Jim el Caracol: Jim

Perky: Yo pienso que voy a disfrutar este picnic cerca del lago con mi plátano emparedado.

Jim: Do-lo-do. Me pregunto si alguna visitante ala área de picnic cerca de la laguna ha dejado algunas migas de pan. Estoy con un poco de hambre.

Perky: [Masticando. Mira hacia abajo.] Oye, allá abajo. ¿Eres tú Jim?

Jim: [Mirando hacia arriba.] Oh, oye, Perky. ¿Cómo estás? No me di cuenta de que estabas arriba. Me siento bien, gracias, Perky. Solo con hambre para un buen almuerzo. Parece que no encuentro ninguna migaja de pan por aquí.

Perky: [Con la boca llena] Yo estoy muy bien, gracias. Me sentiría mejor si tú no estuvieras con hambre. ¿Te gustaría un pedazo de mi emparedado?

Jim: ¡Si, por favor! Muchas gracias por tener compasión de mí—demostrándolo al compartir tu almuerzo.

Perky: ¡Aquí tienes! [Rompe unos pedazos del pan para que caigan cerca de Jim.]

Jim: Así es. ¡Ahora Podemos disfrutar nuestro almuerzo juntos!

Perky: Es siempre mucho mejor comer con un amigo o amiga. Cuando se practica la compasión me siento muy bien por dentro.

Jim: ¡Y mi estómago se siente mejor también!

Perky: ¡El mío también! [Ambos se ríen.]

Lesson 9: Contentment

Abigail Otter: Abigail

Emmanuel Horse: Emmanuel

Abigail: What a beautiful evening to float on my back in the stream.

Emmanuel: Neigh! What a beautiful evening to stand here next to the stream enjoying the summer breeze.

Abigail: Oh, hi, Emmanuel. I was just watching the clouds float by in the sky above me.

Emmanuel: That sounds fun, Abigail. I was relaxing by chewing on some grass.

Abigail: I am feeling grateful for how blessed I am that God has given me a beautiful family—Otto Otter, and our pups—and enough fish to eat!

Emmanuel: I know what you mean—although as a stallion I take care of, and protect, a few mares.

Abigail: Of course. Our Creator has given each of us a special mission in life. When we follow that divinely-guided path…

Emmanuel: we feel that wonderful feeling of contentment in our hearts that we both are feeling right now!

Abigail: Yes. No hurry. No worry. Just content—

Emmanuel: just following the guidance from deep within our hearts and Soul.

Abigail: That is so true. Well, time to get back to the den.

Emmanuel: Yep. Time to get back to the herd. Good-night, Abigail.

Abigail: Good-night, Emmanuel. Sweet dreams.

Lección 9: Satisfacción

Abigail la Nutria: Abigail

Emmanuel el Caballo: Emmanuel

Abigail: Que atardecer para hermoso y en la corriente poder flotar sobre mi espalda.

Emmanuel: ¡Relinchando! Que atardecer para bello parado cerca de un arroyo y disfrutando una brisa del verano.

Abigail: Oh, como estas, Emmanuel. Estaba en este momento observando las nubes que pasan flotando por el cielo sobre mí.

Emmanuel: Me parece que eso debe de ser divertido, Abigail. Yo estaba, mientras tanto, relajando mascando un poco de pasto.

Abigail: ¡Me sentía agradecida por ser tan agraciada por la familia que Dios me ha dado—Otto Otter, y nuestros cachorros—y los suficientes pescados para comer y vivir!

Emmanuel: Entiendo a lo que te refieres—a pesar de que como semental yo me encargo y protejo a varias yeguas.

Abigail: Por supuesto. Nuestro Creador nos da individualmente una misión especial en la vida. Cuando andamos en ese camino divino…

Emmanuel: ¡sentimos en nuestro corazón una satisfacción que nos llena de felicidad, como lo que sentimos ahora!

Abigail: Así es. Sin prisa. Sin preocupación. Simplemente contento.

Emmanuel: Siguiendo la guía que proviene del corazón y del alma.

Abigail: Eso es verdad. Bueno, es hora de regresar a la guarida.

Emmanuel: Así es. Es la hora de regresar con la manada. Buenas noches, Abigail.

Abigail: Buenas noches, Emmanuel. Que tengas sueños lindos.

Lesson 10: Intuition

Major Dog: Major

Beatrice Bee: Beatrice

Major The sky is getting cloudy. I have an uneasy feeling in my heart. Better listen to my intuition and get to a sheltered place.

Beatrice: [Whoosh—lands near the farm] Hi, Major. How are you?

Major: Oh, hi, Beatrice. I was just feeling I need to find a place of safety. A storm may be coming.

Beatrice: I know what you mean. God gives us little whispers in our hearts to tell us when we need to do something to keep safe—our "intuition."

Major: [Nodding his head] That way we know within ourselves what to do. How about if we both look for a place to be safe from the storm?

Beatrice: Ok! I'll fly above, and you trot across the meadow until we see a thick bush or a tree.

Major: Great idea!

Major and Beatrice: Here's a big bush! [Both crouch under it.]

Major: Now we are all cozy, snuggled under these nice, thick leaves.

Beatrice: Just in time! Here comes the rain. Thank you, friend. ["No problem," Ms. Azalea Bush whispers, smiling].

Major and Beatrice: Good thing we listened to our intuitions!

Lección 10: Intuición

Mayor el Perro: Mayor

Beatrice la Abeja: Beatrice

Mayor El cielo se está poniendo nubloso. Presiento que algo va a pasar. Es mejor que escuche a mi intuición y busque un lugar que me proteja.

Beatrice: [Whoosh—aterriza cerca de la granja] Ola, Mayor. ¿Como estas?

Mayor: Oh, ola, Beatrice. Presiento que necesito hallar un lugar seguro. Pueda que se forme una tormenta.

Beatrice: Te entiendo. Dios nos da unos susurros en nuestros corazones para decirnos lo que hay que hacer para mantenernos seguros—nuestra "intuición."

Mayor: [Cabecea de acuerdo] De esa manera sabemos muy por dentro lo que hay que hacer. ¿Qué te parece si los dos buscamos un lugar para protegernos de la tormenta?

Beatrice: ¡Muy bien! Yo volare por lo alto, tu galopa y atraviesa el prado hasta encontrar un arbusto o un árbol.

Mayor: ¡Muy buena idea!

Mayor and Beatrice: ¡Aquí hay un gran arbusto! [Los dos se agachan por debajo de él.]

Mayor: Estamos los dos muy cómodos, acurrucados por debajo de estas bonitas y gruesas hojas.

Beatrice: ¡Justo a tiempo! Aquí llega la lluvia. Gracias amiga, [No hay ningún problema, la Señora Azalea murmura, sonriendo].

Mayor y Beatrice: ¡Que suerte que escuchamos a nuestras intuiciones!

Lesson 11: *Integrity*

Sarah Squirrel: Sarah

Melvin Guinea Pig: Melvin

Sarah: Wow! I collected all these acorns to put them in the hollow of Oliver Oak Tree for safe-keeping. All that work makes me feel thirsty. I better go and get a drink at Roary River over on the other side of the Hill. [Sarah leaves and Melvin arrives.]

Melvin: Will you look at all those acorns! It doesn't look like anyone is guarding them, either. I like acorns. I bet no one will mind if I just take a few of them. [Melvin takes three acorns just as Sarah returns.]

Sarah: Hey. Melvin! When did you get here?

Melvin: Oh, just a couple of minutes ago [coughs uneasily]. I see you have some acorns—uh, are those yours?

Sarah: Actually, they're from Oliver Oak Tree, as a gift. He shares his acorns so we squirrels won't go hungry in the winter. I know you are a friend with integrity, Melvin, so you do what you know is right. Otherwise I might think that you'd taken some of these acorns, while I was gone.

Melvin: I'm sorry, Sarah. I did take a few of your acorns, even though it didn't feel right in my heart. Here they are back again [hands the nuts to Sarah]. Now I have integrity, just like you said!

Sarah: Yes, you do. Anyway, I am always happy to share. All you have to do is ask.

Melvin: Oh!

Sarah: Here are some acorns, Melvin. Oliver Oak shared with me, and I am sharing with you—with openness and integrity.

Melvin: Thank you Sarah—and Oliver. I feel happy now. I'm acting with integrity.

Sarah: I feel happy, too. Whenever we follow the right path set out for us by our Creator, our hearts fill with Joy.

Melvin: Yippee! [He jumps in the air.]

Lección 11: Integridad

Sarah la Ardilla: Sarah

Melvin el Conejillo de Indias: Melvin

Sarah: ¡Guau! Recogí todas estas nueces y las metí dentro del hueco de Oliver, el árbol Roble, como protección. Me siento sedienta después de tanto trabajo. Voy a beber agua de Roary, el arroyo que se encuentra al otro lado de la colina.

Melvin: ¡Mira eso, que cantidad de nueces! Parece que nadie las está cuidando. A mí me gustan las nueces. No creo que le moleste a nadie si agarro unas cuantas. [Melvin toma tres un momento antes del regreso de Sarah.]

Sarah: Oye. ¡Melvin! ¿Cuándo llegaste?

Melvin: Oh, apenas hacen dos minutos [toce inquietamente]. Veo que tienes unas nueces—uh, ¿son tuyas?

Sarah: Actualmente, son de Oliver, el Árbol Roble, son un regalo. El comparte sus nueces con las ardillas para que no pasemos hambre en el invierno. Yo sé que eres un amigo con integridad—y haces lo que es correcto. Si no fuera así yo pensaría que has cogido algunas de mis nueces, cuando no estaba aquí.

Melvin: Lo siento mucho, Sarah. Si, tome unas cuantas nueces tuyas a pesar de mi corazón me decía que no era correcto. Toma, aquí te las devuelvo [le da las nueces a Sarah]. ¡Ahora siento tener integridad, como tú lo afirmabas!

Sarah: Así es. De todas maneras, yo estoy dispuesta a compartirlas. Lo único que tienes que hacer es pedirme.

Melvin: ¡Oh!

Sarah: Toma estas nueces, Melvin. Oliver, el Roble, las compartió conmigo, y yo las comparto contigo—con franqueza e integridad.

Melvin: Muchas gracias Sarah—y Oliver. Me siento ahora feliz. Estoy actuando con integridad.

Sarah: Yo También me siento feliz. Cuando en todo momento hacemos lo que el Creador considera lo correcto, nuestros corazones se llenan de Felicidad.

Melvin: ¡Yippie! [Saltando en el aire.]

Lesson 12: Purity

Hickory Rabbit: Hickory

Slippery Frog: Slippery

Hickory: Mm mm. This stream water tastes good.

Slippery: [Popping head out of the stream.] Yes, it does. It's clean and pure—no humans using pesticides and herbicides around here.

Hickory: That's a blessing. Our human friends who live nearby must have pure minds and hearts, so they act in harmony with all of God's creation.

Slippery: Yep. Purity is the Key. We frogs have porous skin so that we absorb nutrients—or chemicals—from the water or land where we live, so purity is extra-important for us.

Hickory: We rabbits have our fur for protection, but we still must drink pure water. I wonder—what is it that gives a creature a pure heart and mind?

Slippery: I always thought it was prayer. When we ask the Great Being to fill us with kind and loving thoughts and feelings, we are washed clean just like pebbles in a mountain stream.

Hickory: That makes sense. I feel very grateful for all the virtues that the Creator gifts us with.

Slippery: I feel grateful, too. Thank you, Great Spirit, for filling all our spirits with the purifying breezes of Your Love, Wisdom, and Knowledge.

Hickory: Yes, thank you from all of us rabbits, too. Well… I guess it's time for me to head underground for a nap.

Slippery: Ok. Time for me to find a nice lily pad to rest on. See you later, Hickory.

Hickory: See you again, Slippery.

Lección 12: Pureza

Hickory el Conejo: Hickory

Slippery la Rana: Slippery

Hickory: Mm. Este arrollo tiene un buen sabor.

Slippery: [Sacando la cabeza del agua.] Así es. El agua está limpia y pura—no hay seres humanos que usan pesticidas y herbicidas por aquí.

Hickory: Eso es una bendición. Nuestros amigos humanos que viven cerca deben de tener buenas mentes y corazones puros, y así poder actuar en harmonía con toda la creación de Dios.

Slippery: Así es. La pureza es la clave. Nosotras las ranas tenemos la piel porosa para absorber los nutrientes—o la química—del agua o la tierra donde vivimos, así es que, el agua limpia es importantísimo para nosotros.

Hickory: Nosotros los Conejos tenemos una piel que nos protege, pero, aun así, necesitamos beber agua limpia. Me pregunto, ¿cómo puede una creatura obtener un corazón puro y una buena mente?

Slippery: Yo siempre he creído que la oración ayuda mucho. Cuando yo le pido al Gran Ser que nos de sentimientos de compasión y nos llene la mente de pensamientos amorosos, quedamos limpios como las piedras son lavadas por la corriente del arroyo que baja de una montaña.

Hickory: Eso tiene mucho sentido. Yo me siento agradecido por todas las virtudes que Dios nos ha regalado.

Slippery: Yo también, me siento agradecida. Gracias, al Gran Espíritu, por llenar nuestras almas con la briza purificadora de Tu Amor, Sabiduría, y Conocimiento.

Hickory: Así es, todos los Conejos también le agradecemos por todo lo que recibimos. Bueno… Creo que es la hora de dormir, debo de regresar a mi hogar subterráneo y tomar una siesta.

Slippery: De acuerdo. Es tiempo para que yo encuentre una almohadilla de lirio para descansar. Nos vemos más tarde, Hickory.

Hickory: Mas tarde, Slippery.

Books by Kito and Ling Productions

www.loginthesoul.org

For Children:

Andy Ant and Beatrice Bee: With a Bonus Coloring Section.

Beauty is on the Inside: With a Bonus Coloring Section.

Bee a Fairy Power: A Love Story of Care and Concern.

Fly, Fly, Louie Louie

Grandma and I: A Bilingual English/Spanish book with a Bonus Coloring and Drawing Section.

How Alexander the Gnome Found the Sun: With a Bonus Coloring Section.

Igor's Walkabout: With a Bonus Coloring Section.

Katie Caterpillar Finds Her Song: With a Bonus Coloring Section, also available in Audio Format.

Saving Lantern's Waterfall: An Eco-Adventure.

Return to Paradise: Happy the Blue-Bird and Bright-Wings the Cardinal use virtues to restore the Professor's homeland.

The King and the Castle: Love Flies in on the Wings of Destiny. With a Bonus Coloring Section.

The Language of Love: Twelve Bilingual Plays Teaching Virtues, for Children to Perform. Accompanying work book for *Return to Paradise*.

For Adults:

www.loginthesoul.com

Echoes of a Vision of Paradise: If You Cannot Remember, You Will Return, Volume 1

Echoes of a Vision of Paradise: If You Cannot Remember, You Will Return, Volume 2

Echoes of a Vision of Paradise: If You Cannot Remember, You Will Return, Volume 3

Echoes of a Vision of Paradise: If You Cannot Remember, You Will Return. Also available in Audio Format.

Restoring the Heart.

The Simulator:

The 2094 Sanction.

A Being of Light: God's Will and Pleasure.

Paradise: The Science of the Love of God.

Experiences and Insights.

The Key.

Modulation on the Stand-Alone Scalar Carrier Wave: Freedom or Incarceration.

Acknowledgment

We gratefully acknowledge and recognize the artists who contributes to Thinkstock, by Getty Images, allowing us to illustrate this book. Thank you.

Printed in the United States
By Bookmasters